AF332295

DOCUMENTS

RELATIFS

À L'EXPÉDITION DE SARDAIGNE

(1793)

PAR

M. EDMOND POUPÉ

(Extrait du Bulletin historique et philologique, 1910)

PARIS

IMPRIMERIE NATIONALE

MDCCCCXI

DOCUMENTS

RELATIFS

À L'EXPÉDITION DE SARDAIGNE

(1793)

DOCUMENTS

RELATIFS

À L'EXPÉDITION DE SARDAIGNE

(1793)

PAR

M. EDMOND POUPÉ

(Extrait du *Bulletin historique et philologique*, 1910)

PARIS

IMPRIMERIE NATIONALE

MDCCCCXI

DOCUMENTS

RELATIFS

À L'EXPÉDITION DE SARDAIGNE

(1793).

M. le marquis de Clapiers, qui ouvre si libéralement sa riche bibliothèque provençale et ses collections de manuscrits aux travailleurs, a bien voulu me communiquer quelques dossiers de documents concernant la période révolutionnaire en me permettant de les utiliser[1]. J'y ai trouvé un certain nombre de pièces relatives à la désastreuse expédition de Sardaigne en janvier-février 1793. Elles m'ont paru suffisamment intéressantes pour mériter une publication.

C'est d'abord une relation de l'expédition par un médecin, embarqué sur *l'Apollon*, qui a gardé l'anonymat. Mais de la comparaison de son écriture avec celles de lettres qui figurent dans les dossiers susmentionnés, il semble bien résulter qu'il s'appelait Pierre Bonvalet et était natif de Rochefort. Il a intitulé son œuvre, qui comprend trente-sept pages de format ordinaire[2] : *Mémoires intéressants renfermant les faits et les évènements les plus compliqués, ainsi que les circonstances critiques où s'est trouvée l'escadre française dans la Méditerranée de 92 à 93, par un ami de la liberté, des droits de l'homme et du bonheur de la société.* Le style de l'auteur est emphatique, parfois incorrect, abondant en métaphores, apostrophes et comparaisons mythologiques. Parle-t-il d'une tempête? Elle est suscitée par Éole et Neptune. S'agit-il de bombes? Elles ont été forgées par Vulcain. Jupiter et Mars ne sont pas oubliés. Souvent le récit est interrompu

---

[1] Qu'il me permette de le remercier ici de nouveau.
[2] Hauteur, o m. 24; largeur, o m. 18.

par le développement de lieux communs sur la liberté ou l'esclavage, la divinité ou le destin.

Il m'a semblé inutile de transcrire ces amplifications qui ne contiennent aucun renseignement historique. D'ailleurs, certaines phrases que j'ai cru devoir conserver feront juger et peu regretter celles que j'ai supprimées.

Il ne semble pas qu'on doive douter de l'exactitude des détails que donne Bonvalet. Sa sincérité est évidente. Il a écrit sa relation, en dehors de toute préoccupation, entre le 19 septembre 1793, jour où *l'Apollon* quitta Toulon pour rapatrier les matelots ponentais qui n'avaient pas voulu s'associer à la livraison de cette ville aux Anglais, et le jour où tous les papiers du bord furent saisis par les autorités constituées de Rochefort, c'est-à-dire vers le 20 octobre. S'il avait prévu l'accueil que les sans-culottes rochefortais réservaient aux marins venant de Toulon, il se serait certainement dispensé de porter sur les « Jacobins » de cette dernière localité de dangereuses appréciations. Heureusement pour lui, l'accusateur public du tribunal révolutionnaire, qui eut ses « mémoires[1] » sous les yeux, n'en retrouva pas l'auteur.

Outre cette relation, j'ai trouvé un plan d'attaque de Cagliari par le contre-amiral Truguet et quelques lettres du capitaine Villeneuve, le futur amiral, et du contre-amiral La Touche-Tréville.

Le plan d'attaque de Truguet est intéressant par les détails précis qu'il contient. Je l'ai reproduit *in extenso*.

Quant aux lettres de Villeneuve et de La Touche-Tréville, toutes, sauf une, sont adressées au capitaine Trogoff, alors commandant *le Duguay-Trouin*[2]; elles sont curieuses, notamment parce qu'elles montrent combien les équipages se préoccupaient de la conduite de leurs chefs et se méfiaient d'eux. Une lettre de La Touche-Tréville aux matelots du *Duguay-Trouin* démontre aussi que les chefs se rendaient compte de cet état d'esprit, et cherchaient à persuader à leurs hommes qu'ils les traitaient en collaborateurs plutôt qu'en subordonnés.

Pour l'intelligence des documents qui vont suivre, il est nécessaire de rappeler brièvement ce que fut l'expédition de Sardaigne.

---

[1] Ce document est coté n° 300. Il a très probablement fait partie de la procédure contre l'équipage de *l'Apollon* par le tribunal révolutionnaire de Rochefort.

[2] Ces lettres paraissent provenir des papiers personnels de Trogoff, dispersés après sa mort.

Elle avait été décidée par le Conseil exécutif provisoire, dans la séance du 19 septembre 1792, afin de «favoriser les dispositions des habitants de cette île à se rendre indépendants». Paoli, qui commandait alors la 13ᵉ division militaire en Corse, fut engagé à «réunir tous les moyens qui pouvaient être à sa disposition pour l'exécution de l'entreprise projetée» [1]. Quelques semaines plus tard, le général d'Anselme, qui venait d'occuper le comté de Nice, et le contre-amiral Truguet, commandant en chef l'armée navale de la Méditerranée depuis le mois d'août précédent [2], furent invités à se concerter pour organiser une descente en Sardaigne [3].

Truguet, en arrivant à Toulon, n'avait trouvé en rade que cinq vaisseaux : *le Tonnant, le Commerce-de-Bordeaux, le Tricolore, le Scipion, le Centaure* [4]. Quatre autres vaisseaux, venant de Brest sous les ordres du capitaine La Touche-Tréville, arrivèrent bientôt pour compléter l'effectif de la flotte. C'étaient *le Languedoc, le Vengeur, l'Orion, l'Entreprenant* [5]. Comme ces neuf vaisseaux formaient encore une force insuffisante, le Conseil exécutif provisoire donna l'ordre à trois autres vaisseaux de Brest, à deux vaisseaux de Rochefort et à un vaisseau de Lorient de rejoindre l'escadre de la Méditerranée [6]. Ils s'appelaient respectivement *le Patriote, le Duguay-Trouin, le Léopard, l'Apollon, le Généreux, le Thémistocle* [7].

A ces quinze vaisseaux Truguet joignit quatre frégates : *l'Aréthuse, la Fortunée, la Vestale et l'Hélène* [8] ; sept corvettes : *la Brune, l'Eclair, la Belette, la Fauvette, la Badine, la Flèche et la Paulette* [9] ; quatre

---

[1] Cf. AULARD, *Recueil des actes du Comité de salut public, etc.*, t. I, p. 58.

[2] Cf. AULARD, *Recueil, etc.*, t. I, p. 7.

[3] Séance du 10 octobre 1792. (AULARD, *Recueil, etc.*, t. I, p. 123.)

[4] Commandés respectivement par les capitaines Duchayla, Saint-Julien, Brueys, Truguet cadet, Missiessy. Le commandement du *Tricolore*, qui s'appelait *le Lys* avant la proclamation de la République, fut bientôt confié à Degoy.

[5] Cf. AULARD, *Recueil, etc.*, t. I, p. 7, 19. Ces vaisseaux étaient commandés respectivement par les capitaines La Touche-Tréville, Kéon, Vaultier, Thirat.

[6] Séance du 31 août 1792. (AULARD, *Recueil, etc.*, t. I, p. 42.)

[7] Commandés par les capitaines Landais, Trogoff, Bourdon-Grammont, Dubois, Cazotte, Haumont.

[8] *L'Aréthuse* et *la Fortunée* venaient de Lorient, *l'Hélène* de Rochefort. Le port d'attache de *la Vestale* était Toulon. Ces frégates étaient commandées par Bouvet, Maistral, Gavoty, Prévot.

[9] Les cinq premières commandées par Groignard, Basterot, Causse, Goelche, Simony (L.).

bombardes : *l'Iris*, *l'Iphigénie*, *la Lutine* et *la Sensible*; enfin, des gabares comme *le Mulet*.

Avant l'arrivée des derniers vaisseaux ponentais, Truguet avait quitté Toulon pour aller mouiller devant Nice, Villefranche et Gênes. Il avait donné rendez-vous dans le golfe de la Spezzia à tous les bâtiments qui devaient prendre part à l'expédition de Sardaigne.

Leur concentration se termina fin 1792.

L'escadre se partagea alors en deux divisions. L'une, sous les ordres de La Touche-Tréville, promu contre-amiral, se dirigea vers Naples, afin d'effrayer son gouvernement peu favorable à la République; l'autre, sous les ordres de Truguet, gagna la Corse pour y prendre des troupes de débarquement. Ces divisions devaient se réunir sous Cagliari.

Elles furent l'une et l'autre battues par la tempête. Un des vaisseaux de Truguet, *le Vengeur*, se brisa sur des écueils en face d'Ajaccio et fut complètement perdu. Néanmoins, les deux divisions purent faire leur jonction aux îles Saint-Pierre et Saint-Antioche, au sud de la Sardaigne, et se dirigèrent vers Cagliari.

Les Sardes ne manifestèrent nullement l'intention d'accueillir les Français. Au contraire, ils tirèrent à boulets sur un parlementaire et se fortifièrent. Avant de les attaquer, Truguet décida d'attendre un convoi annoncé de vivres et de troupes. Il fut dispersé par le mauvais temps. Le contre-amiral résolut alors de ne pas tarder davantage. Il commença l'attaque le 27 janvier 1793; elle échoua.

Cependant quelques bâtiments du convoi attendu avaient pu rejoindre l'escadre. Truguet tenta une nouve'le attaque.

Les opérations commencèrent le 15 février; des troupes furent débarquées; mais, la nuit, prises de panique, elles se fusillèrent entre elles, tandis qu'une nouvelle tempête assaillait les vaisseaux, faisait échouer l'un d'eux, *le Léopard*, près du rivage, ainsi que plusieurs bâtiments de transport; il fallut les brûler pour ne pas les laisser aux mains des ennemis[1].

---

[1] A son retour à Toulon, le capitaine du *Léopard*, Bourdon-Grammont, sur la demande du Major général de la marine, comparut devant un jury militaire, pour rendre compte de sa conduite. Ce jury fut composé des capitaines Brueys, Desloges, Lacroix et Cazotte, des lieutenants Falaise, Nicolay, Martin, Coupée, Moreau et Lacroix, nommés le 7 avril 1793 par le contre-amiral Trogoff, et qui se réunirent le lendemain à d'autres officiers désignés par le commandant des armes. (Cf. registre de transcription des ordres de Trogoff dans l'un des dossiers consultés.)

Le contre-amiral Truguet désespéra du succès de l'entreprise. Il rembarqua les troupes et mit à la voile pour Toulon. Les vaisseaux, dont les avaries étaient considérables, tinrent la mer péniblement. Les premiers arrivèrent à Toulon le 5 mars 1793 [1]. D'autres furent obligés de mouiller en rade d'Hyères à cause des vents contraires [2]. Ce fut seulement le 8 mars que Truguet débarqua à Toulon [3]. Il partit à la fin du mois pour Paris dans le but, sans doute, de mettre le Ministre de la Marine au courant de la triste situation de l'armée navale de la Méditerranée [4]. Il y avait été précédé par La Touche-Tréville [5] et Landais [6].

Cette malheureuse expédition de Sardaigne avait montré la faiblesse de la flotte française et démoralisé les équipages, trop tentés d'expliquer sa défaite par la trahison de leurs chefs.

DOCUMENTS.

I

RELATION DE L'EXPÉDITION DE SARDAIGNE.

. . . .

Je ne parlerai point dans ce récit des sièges d'Oneille et Villefranche parce que le vaisseau *l'Apollon*, sur lequel j'étais armé, n'avait pas rallié le pavillon du général et par conséquent ne faisait pas encore partie de l'armée [7]. Nous rejoindrons donc l'escadre à la Spezzia (République de Gênes), d'où nous partîmes pour divers ports de la Méditerranée, comme on le verra dans la suite. Le siège de Cagliari en Sardaigne et les évène-

----

[1] Lettre de Rouyer, Le Tourneur et Brunel du 5 mars 1793. (AULARD, *Recueil*, etc., t. II, p. 269.)

[2] Lettre des mêmes du 7 mars. (AULARD, *Recueil*, etc., t. II, p. 281.)

[3] Lettre des mêmes du 9 mars. (AULARD, *Recueil*, etc., t. II, p. 322.)

[4] Lettre des mêmes du 1er avril. (AULARD, *Recueil*, etc., t. III, p. 14.)

[5] Cf. même recueil, t. II, p. 542, 556, 574.

[6] Cf. même recueil, t. III, p. 327.

[7] L'auteur s'était embarqué sur *l'Apollon* en juillet 1792.

ments du port de Toulon [1] furent le fondement de mes relations, qui en deviendront par là plus intéressantes.

. . . .

Nous appareillâmes le 7 octobre [1792] [2] pour rejoindre les forces de la Méditerranée; nous éprouvâmes bientôt toutes les fureurs de l'élément liquide..., mais enfin le calme succéda à l'orage...; nous arrivâmes, quoi qu'il en soit, à la Spezzia, où nous attendait l'escadre...

L'escadre s'était divisée en partant de la Spezzia. Nous fûmes destinés, avec quelques vaisseaux, pour aller en Corse prendre des troupes tandis que la seconde division... fut réprimer les propos fastidieux de l'orgueilleux ministre de Naples. Nous arrivâmes enfin avec peine à notre destination... Un de nos vaisseaux... fut brisé sur les rochers [3]...

Ajaccio, dont j'ai à parler, est un petit port situé au sud de la Corse. Nous touchions au moment d'en partir lorsque je descendis à terre pour affaire. La curiosité me porta à sortir de la ville avec quelques amis, afin de m'instruire de l'état du terrain, de[s] diverses productions et phénomènes [de] l'ile. Hélas! quelle surprise n'eûmes-nous pas en voyant descendre des montagnes voisines les Corsais armés? Nous nous approchâmes sans différer de la ville en entendant le son lugubre des caisses [4] qui appelait les citoyens sous les armes. Nous nous informons quel triste évènement était survenu. Tous sont consternés. Personne ne répond à nos questions. Impatienté enfin..., je cours, je vois avec étonnement qu'on se porte à la citadelle. je fends la presse, y entre..., mais ciel! que vois-je? des soldats et un peuple furieux mutilent encore la victime qui vient de tomber sous leurs coups. Ce malheureux était accusé de recruter pour l'armée des alliés, mais la recherche que l'on fit depuis de son prétendu crime le justifia aux yeux mêmes de ses meurtriers.

La garnison française, depuis longtemps dans cette île, y avait été opprimée par les habitants. Elle cherchait le moyen de s'en venger...

Après la triste expédition du malheureux dont j'ai parlé, les soldats, provoqués par tout ce que la fureur a de plus redoutable, ne pensèrent qu'à venger la mort d'un de leurs camarades qui avait tombé la veille sous les coups de stylet d'un Corsais. Ils s'en furent immédiatement où le malheureux qu'ils soupçonnaient de ce crime était détenu, et, sourds aux cris de la justice, ils s'en emparèrent et le conduisirent sur le lieu encore rouge du sang de son compagnon d'infortune...

... Je vis ce misérable paraître au milieu d'une populace vengeresse, avec cette rage qu'inspire l'indignation. Ses yeux étaient étincelants, son

[1] Les détails sur les événements de Toulon sont peu précis.
[2] De l'île d'Aix.
[3] Il s'agit du *Vengeur*.
[4] Tambours.

visage enflammé et l'écume qui lui sortait de la bouche annonçaient le désespoir avant-coureur de la mort.

Il eût peut-être résisté aux efforts de ses bourreaux, si un fatal mouvement ne l'eût forcé à lever le pied. Le peuple effrété (*sic*) saisit cette circonstance favorable, et la drisse de pavillon, qui avait étranglé son compagnon, servit à le suspendre par les extrémités. Ses meurtriers tombèrent dessus alors avec fureur et leurs sabres ensanglantés signalèrent leur victoire. Oui, il périt cet infortuné! Je l'ai vu tomber sous le glaive épouvantable de l'anarchie! Et pourtant il fut justifié.

. . . .

Nous quittâmes... les parages de la Corse pour nous porter vers la Sardaigne. L'île Saint-Pierre et le golfe d'Antioche qui en dépendent avaient déjà été soumis par la division qui avait été à Naples. Après avoir demeuré quelque temps à Saint-Pierre, nous passâmes devant Antioche où ils se réunirent (*sic*) à nous pour aller à Cagliari, principal objet de notre démarche. (Nous étions alors sous les ordres du contre-amiral Truguet.) Ayant mouillé devant la ville, nous y envoyâmes un parlementaire afin de prendre des renseignements sur leur disposition. Mais on regarda cet envoyé d'un peuple nouvellement régénéré comme un instrument pernicieux, propre à corrompre ou plutôt à propager la liberté et les droits de l'homme chez une nation encore asservie à d'aveugles et tyranniques préjugés, çe qu'ils manifestèrent assez par l'horrible procédé qu'ils tinrent, en tirant à boulets sur l'embarcation qui contenait ce dépôt sacré, que le droit de la guerre devait rendre inviolable. Plusieurs autres circonstances nous manifestèrent comme celle-ci l'animosité des esclaves savoyards pour les Français. A Oneille, ils assassinèrent leur représentant ainsi que son escorte. Ils en furent punis par l'épée. A Antioche, ils l'enlevèrent et peut-être subit-il le sort de son collègue? Ce troisième, enfin, eût de même été sacrifié à leur rage si leurs coups eussent été dirigés adroitement. . . . . . .

. . . .

... Notre armée était dans la plus triste position;... il n'est point d'obstacle qui ne s'offrît à nous, ... nos munitions de bouche, en partie consumées, ne nous permettaient plus de demeurer longtemps dehors de nos ports... Dans ce moment critique il ne nous restait, pour tout espoir, que celui de voir arriver le convoi qu'on avait promis au général, lequel était destiné à nous transporter des troupes et des vivres. Cependant, ayant demeuré quelques jours en attente et ne le voyant point arriver, nous prîmes le parti de livrer assaut à la ville, conjecturant que la terreur s'emparerait de leurs esprits et qu'ils se soumettraient sans peine.

Le 27 janvier 1793 [1] fut choisi pour cet effet. Quatre vaisseaux eurent

[1] Le texte porte 1792. C'est une erreur évidente.

ordre de s'embosser devant les forts pour les démolir, tandis que quelques galiotes à bombes. postées à quelque distance de là, envoyaient en l'air ces machines infernales qui, en frappant cette multitude immense d'atomes font retentir les échos voisins des accents sinistres de la mort. Pourtant nos ennemis ne se déconcertèrent point et ils nous forcèrent, par leur opiniâtre résistance, à suspendre le cours de notre expédition. Nous jugeâmes alors qu'une pareille entreprise était vaine et qu'il ne nous restait de ressource que dans la descente d'un nombre suffisant de troupes.

Il nous fallait, pour cet effet, le convoi dont j'ai déjà parlé et que nous attendions avec la plus vive impatience...

... Nous fûmes... arrêtés dans notre expédition par des tempêtes successives qui dispersèrent notre convoi et nous firent perdre un temps que nous n'avons pu réparer.

Enfin, excédés d'avoir attendu en vain trois semaines, pendant lesquelles les Sardes se fortifièrent toujours, et voyant qu'un plus long temps nous mettrait peut-être dans la dure nécessité de manquer de vivres, le commandant se décida à la fin à livrer un assaut général. Il nous était alors arrivé quelques-uns des bâtiments du convoi, lesquels, moins éloignés par le mauvais temps que les autres, arrivèrent à propos pour nous fournir quelques troupes. L'armée de terre était alors de cinq à six mille hommes. La descente fut protégée par deux frégates embossées proche la côte. Elle se fit dans un petit vallon distant de la ville d'une lieue. Dans ce même moment, cinq à six vaisseaux furent embossés sous la ville. tandis que d'autres furent commis pour démolir les forteresses voisines. Les galiotes à bombes furent aussi prendre leurs postes. Enfin, tous ces appareils foudroyants étant disposés, on recommença les hostilités du 27 janvier. Un feu continuel de part et d'autre semblait annoncer à chacun également la fin de sa carrière...

Nous avons laissé nos troupes dans le vallon. Revenons maintenant à elles et suivons strictement leurs démarches... On avait donné en descendant, à chacun des soldats, trois jours de vivres... Ils mirent pied à terre avec sécurité, croyant d'ailleurs qu'un peuple libre n'avait qu'à se montrer aux yeux d'une nation d'esclaves pour en devenir la terreur... Nos soldats. sur les terres ennemies, se campèrent au bord du rivage. Quelques jours après, ils se mirent en marche vers la ville ayant à leur tête leur général (appelé Casabianca, natif de la Corse), qui les encouragea par tout ce qui peut inspirer le désir de vaincre. Mais comme ils se mettaient en devoir de franchir une petite rivière qui s'opposait à leur passage, ils remarquèrent quelques escadrons de cavalerie qui les serraient d'un côté. tandis que l'ingénieur [1] de l'armée aperçut de l'autre une batterie masquée qui les mettait dans un danger évident. Ce fut alors que. criant à

---

[1] Le texte porte *ingerieur*.

la trahison, ils prirent le parti de s'en retourner à leur camp. La nuit,
qui avait étendu ses voiles, ne leur offrit dans cette critique position que
de faibles ressources. A chaque instant, ils croyaient se voir surpris par
l'ennemi. Ils se tinrent en conséquence sur la défensive. L'avant-garde fut
postée à quelque distance de l'armée, et enfin des sentinelles, de tous
côtés, devaient leur assurer le repos dont ils avaient si grand besoin, lorsqu'une de ces mêmes sentinelles, s'étant fait un fantôme de l'ennemi, au
milieu de l'obscurité, fut frappée d'une terreur panique et tira un coup de
fusil qui fut le signal d'une déroute parfaite. L'avant-garde, de même que
la sentinelle, s'imagina être provoquée par l'ennemi au bruit inattendu
de cette arme. Elle tira en conséquence un coup de canon sur le corps de
l'armée et ainsi alternativement jusqu'au moment où ils se furent re-
connus...

Nos vaisseaux n'avaient point encore cessé leur feu et la ville allait être
réduite en cendres, mais à quoi nous servait désormais cet avantage, dès
que nos soldats, découragés par leur fâcheux évènement, avaient renoncé
au combat?

Le lendemain de cette tragédie, l'on avait porté au camp les blessés qui
avaient demeuré sur le lieu après l'action. Cette vue, jointe au pitoyable
état où ils se trouvaient alors, ne servit qu'à augmenter la douleur que
chacun avait déjà conçue. Les vivres qu'ils avaient descendus étaient con-
sumés, et le mauvais temps qui était survenu ne permettait guère de leur
en porter... La nécessité où ils étaient contraignit pourtant l'escadre de
leur faire passer des vivres en dépit même du pitoyable temps qu'il faisait.
Mais les embarcations s'étant présentées à ce dessein, les soldats indignés
ne pensaient plus qu'à se rembarquer. Ils refusèrent, dans cette intention,
les munitions qu'on leur avait portées avec peine. Comme il était impos-
sible de les rembarquer parce que les flots se trouvaient trop agités, plusieurs d'entre eux voulurent agir de violence, se jetèrent à l'eau pour
attraper les embarcations et se noyèrent; d'autres, animés par le désespoir et préférant une mort honteuse à l'honneur de mourir les armes à la
main, furent aussi se noyer.

Nous venons de dire qu'ils ont dédaigné recevoir les vivres que leur
envoya l'escadre. Le moment est arrivé où ils en ont plus besoin que
jamais.

La tempête, loin de se calmer, fit les plus grands progrès. Nos vaisseaux,
agités par des enchaînements innombrables de vagues furieuses, ne nous
laissaient entrevoir qu'un naufrage inévitable. Tel fut le destin malheureux
de plusieurs bâtiments de transport, lesquels furent ensuite brûlés. Enfin,
nos frégates démâtées, nos embarcations à la côte, tout annonçait le naufrage, l'incendie et l'horreur...

Pendant que [nous étions] ballottés nous-mêmes par les flots qu'agitait
l'aquilon, [nos] compagnons, trop malheureux, étaient [à terre] en proie

au froid, à la pluie et au vent, dépourvus de toute subsistance et n'ayant pour tout gîte qu'un coin de terre dominé par la boue et la pourriture... On en voyait quelques-uns, que le courage n'avait pas encore abandonnés, recueillir des herbes de différentes espèces et s'en repaître l'estomac, trop heureux lorsqu'ils pouvaient enlever les montures de leurs ennemis; alors, sans d'autres apprêts, ils savouraient... la chair ensanglantée de ces vils animaux. Combien, enfin, n'a-t-il pas péri de ces misérables à qui les forces épuisées ne permettaient pas d'en faire autant et combien l'intempérie et la fatigue n'en ont-ils pas tué?

. . . .

Les jours étant devenus plus sereins, nous rembarquâmes nos troupes et nous levâmes ce siège fatal, après avoir mis le feu à un de nos plus beaux vaisseaux qui s'était échoué en s'embossant proche la ville[1]. Nous laissâmes en passant des garnisons suffisantes à l'île Saint-Pierre et au golfe de Palme ou Saint-Antioche, nous continuâmes ensuite à faire route pour Toulon.

. . . .

Nous fûmes informés dans ce trajet, par une gabare expédiée à cette intention, que l'Europe s'était liguée en partie pour accabler notre patrie, mais cette nouvelle, loin de nous déconcerter, ne fit, en nous rappelant nos malheurs passés, que nous laisser le désir d'entrer dans de nouvelles épreuves. Nous arrivâmes à Toulon le 11 mars afin d'y prendre les rafraîchissements dont nous avions besoin, mais toujours persuadés que nous en partirions incessamment pour aller à la rencontre des ennemis.

Réflexion particulière.

L'idée générale que j'ai donnée du siège de Cagliari démontre assez clairement qu'il y eut quelques traîtres à qui la patrie était devenue un objet d'horreur, qui tramèrent quelques projets pour faire échouer notre expédition. Non que je veuille ici m'ériger en calomniateur, ni chercher à inculper personne. Mes connaissances dans l'art militaire sont assurément trop bornées; je demande seulement à dire mon sentiment. S'il s'est trouvé un être assez vil et dont l'âme fut assez noire pour porter la vengeance jusqu'à ce période, je veux qu'il soit pour toujours dévoué à la haine et à l'exécration humaine. Me dira-t-on qu'il n'existe personne de cette trempe? Alors, j'ai tort; je me plais même à le croire, mais je demande à mon tour pourquoi nous avons attaqué l'ennemi au mois de janvier et quel succès nous devions en attendre? Pourquoi tous les vaisseaux de guerre avec les bâtiments de transport ne partirent pas d'un point fixe pour se rendre en Sardaigne? Pourquoi, enfin, toutes ces divisions, dans une saison qui

[1] C'est le *Léopard*.

n'offre que du retard, tandis que l'expédition exigeait la plus grande vigilance? A toutes ces questions je m'attends à quelques objections, mais, hélas! qu'ils seront faibles ceux qui n'auront que ces objections pour se disculper !

II

INSTRUCTIONS POUR LE CAPITAINE TROGOFF, COMMANDANT
LE VAISSEAU *LE DUGUAY-TROUIN*.

Le capitaine Trogoff appareillera ainsi que les vaisseaux *le Léopard*, *le Tricolore* et *le Thémistocle*, de manière à être sous voile à la petite pointe du jour qui est destiné au débarquement de l'armée dans la rade Saint-Élie et pouvoir se rapprocher des batteries de la ville.

Il préviendra les trois capitaines commandant les vaisseaux destinés à cette attaque que l'ordre doit être ainsi : le plus au Nord, *le Tricolore*, ensuite *le Duguay-Trouin*, *le Léopard* et *le Thémistocle*.

Les vaisseaux viendront mouiller plus rapprochés que ne l'étaient ceux qui ont déjà canonné ces batteries, et, pour ce rapprochement, on se réglera sur les sondes. Les vaisseaux mouilleront et s'embosseront sur le lieu fixé pour la canonnade et, dès qu'ils seront embossés, ils enverront dans l'Ouest une ancre à jet avec quatre grelins qui seront déjà préparés dans la chaloupe, afin de pouvoir se retirer si le vent fraîchissait, et, dans ce cas, le contre-amiral laisse à la prudence des capitaines à couper leurs câbles à l'épissure s'ils se trouvaient pressés par un vent d'Ouest subit.

Les vaisseaux dirigeront leur feu de manière à éteindre d'abord ces batteries, et, pour y parvenir plus sûrement, ainsi qu'à détruire leur défense, ils feront un feu lent et bien visé. S'ils parviennent à mettre les batteries hors d'état de les attaquer, ils économiseront leur feu ou même le feront cesser, et cependant, le soir ou dans la nuit, ils tireront de temps à autre des coups de canon pour empêcher l'ennemi de reprendre poste et réparer ses brèches.

Ils tireront aussi sur tous les rassemblements d'hommes qui seront à leur portée, soit dans la ville, soit au faubourg ou sur le revers de la montagne où se trouve placé le couvent de Bonnaire. Ils tireront aussi sur toutes les troupes qui seraient en marche pour fortifier les postes de Saint-Élie ou qui en reviendraient. Enfin ils détruiront tout ce qui se présentera sous leur feu, soit en batterie, soit en soldats.

Le capitaine Trogoff est prévenu que le soir même, à l'entrée de la nuit de son attaque, les vaisseaux *le Languedoc*, *l'Entreprenant*, *le Scipion*, *l'Orion*, *le Patriote* et *le Généreux* doivent embarquer leur garnison pour menacer d'une descente le lazareth et l'anse qui est sous la tour de Saint-Élie, mais que l'attaque vraie que feront les détachements ne s'exécutera que le lendemain matin à la pointe du jour, en même temps que l'armée de terre enverra une colonne pour donner l'assaut à la batterie haute. Ces mouvements seront signalés et dirigés par le contre-amiral La Touche. C'est dans ce moment que les vaisseaux embossés recommenceront leur feu, et, si les batteries étaient démontées, ils tireraient quelques volées sur la ville haute, ainsi que sur le faubourg et les chemins s'ils y voyaient du monde.

Si à ce moment les batteries étaient évacuées et qu'il n'y eut aucun danger d'envoyer enclouer les pièces, il enverrait les chaloupes armées avec des canonniers, des soldats et tout ce qui est nécessaire à cette manœuvre. Ce succès permettrait aux vaisseaux de manœuvrer ultérieurement, sans aucune crainte des efforts de l'ennemi, dans le service des batteries. Ce coup de main fait à propos et sous le feu du vaisseau qui dirigerait son feu sur le rempart qui domine, les chaloupes rentreraient à l'instant à bord de leurs vaisseaux respectifs.

Le contre-amiral charge le capitaine Trogoff de cette attaque des quatre vaisseaux ; il la communiquera aux trois capitaines, ses coopérateurs, et il connaît trop son zèle et ses talents, ainsi que l'ardeur et le patriotisme des capitaines Bourdon-Grammont, Brueys et Haumont pour douter de leurs succès. C'est à l'ensemble de nos opérations combinées, c'est à la réunion de nos courages et de nos talents que la Patrie devra un succès bien intéressant dans la position où les armées de terre et de mer se trouvent.

A bord du *Tonnant*, le 10 février 1793, l'an 2ᵉ de la République française.

TRUGUET.

III

1° LETTRE DE VILLENEUVE À TROGOFF [1].

A bord du *Tonnant*, samedi 9 février [1793].

Je remets, mon cher Trogoff, à l'officier de notre bord, l'autorisation nécessaire pour exécuter la vente du lieutenant Ganne. Quant à l'autre partie de votre lettre, je pense qu'il n'y aura rien de changé dans la ligne de bataille, *le Languedoc* ne devant pas être réuni à l'escadre. Dans le cas contraire, je mettrai sous les yeux du général votre vœu pour ne pas faire partie de la division du capitaine Landais.

Tout à vous. Votre camarade,

VILLENEUVE.

[Adresse :] Au capitaine Trogoff. commandant *le Duguay-Trouin*, à son bord.

---

[1] Cette lettre et la suivante sont entièrement de la main de Villeneuve.

2° DU MÊME AU MÊME.

Ordre au *Duguay-Trouin* de verser à bord du *Tonnant* «la quantité de cartouches faites qui lui restent et dont il lui sera délivré un reçu».
10 février 1793.

3° LETTRE DE LA TOUCHE-TRÉVILLE À TROGOFF.

Je suis chargé, citoyen capitaine, par le général Truguet, de vous demander de me faire passer sur-le-champ la quantité de cartouches que vous avez de faites, moins celles nécessaires à vos troupes de débarquement, qu'il faut compter sur le coup de 25 coups par homme; il me charge aussi de vous prier de faire travailler sans relâche à en faire de nouvelles; faites remettre dans mon canot toutes celles dont vous pourrez disposer sur-le-champ.

Le contre-amiral LA TOUCHE [1],

A bord du *Languedoc*, le 14 février 1793, l'an 2ᵉ de la République.

[Adresse :] Au citoyen capitaine Trogoff, commandant le vaisseau de la République *le Duguay-Trouin*, à son bord.

4° DU MÊME AU MÊME [2].

Rien de mieux calculé, mon cher vicaire général, que votre plan d'attaque. Je saurai à minuit si l'attaque de la redoute doit avoir lieu au jour pour le général Casabianca. Le général Truguet me l'annoncera par des fusées que je ferai répéter. Il est présumable que cette attaque aura lieu, car à 7 heures toutes les troupes étaient à terre, même celles de *l'Apollon*, avec 14 pièces de canon de campagne. Je ferai rassembler les troupes de débarquement à 4 heures du matin, afin de faire le débarquement au petit jour et aussitôt que l'on entendra les coups de fusil et de canon de la grande colonne. Bonsoir; je vous embrasse. Faites tout ce qui dépendra de vous pour gagner votre poste pendant la nuit, vous éviterez du feu de la place.

Le contre-amiral LA TOUCHE.

Le 14 février, à 7 h. 1/2 du soir.

[Même adresse.]

----

[1] Cette ligne seule est de l'écriture de La Touche.
[2] Cette lettre et les suivantes sont entièrement de la main de La Touche.

5° DU MÊME AU MÊME.

Je ne puis vous dissimuler, mon cher Trogoff, que votre éloignement de la place, ainsi que *le Tricolore* et *le Léopard,* fait un mauvais effet sur l'esprit des équipages et *murmurer* [1]. J'ai assuré celui du *Généreux* et le mien que je vous connaissais et que je répondais de votre valeur et de votre patriotisme comme du mien. Faites donc les dispositions convenables pour vous rapprocher de la ville. La petite distance où s'en trouve *le Thémistocle* fait que l'on souhaite vous en voir beaucoup plus près que vous en êtes. Ne perdez pas un moment, je vous en conjure, au nom de l'amitié. Je vous envoie un canot vous porter le vœu des citoyens de l'escadre. Que je regrette que vous n'ayez pas profité de la nuit pour vous mettre à poste !

Le contre-amiral La Touche.

A bord du *Languedoc,* le 15 février 1793, l'an 2ᵉ de la République.

[Adresse :] Au citoyen capitaine Trogoff, commandant une division de l'armée navale aux ordres du contre-amiral Truguet, à son bord.

6° DU MÊME AU MÊME.

Les évènements fâcheux se succèdent, mon cher Trogoff, mais le plus affligeant c'est celui qui résulte des préventions des équipages sur la canonnade d'hier. Vous auriez dû me faire signal de la petite quantité d'eau que vous trouviez, lorsque j'ai fait signal à la 3ᵉ division de serrer l'ennemi au feu. L'inattention que vous avez donnée à ce signal, qui a été une heure en tête de mon mât, a fait un très mauvais effet.

Je ne sais ce qui a empêché l'armée d'attaquer cette nuit la redoute du mont (?) Saint-Élie. Vous vous serez bien douté, en voyant l'état de la mer, que notre descente ne pouvait avoir lieu ; j'attends des ordres du général auquel Landais a dû envoyer un canot ce matin.

Je me trouve dépourvu de grelins ; j'ai chargé votre officier de les faire demander au *Thémistocle* auquel je les ai envoyés hier au soir.

Je viens de donner ordre à la chaloupe du *Commerce-de-Bordeaux* de se rendre à bord du *Léopard* avec une ancre et deux grelins. Comme ce vaisseau pourrait souffrir du poids de son artillerie, je charge votre canot d'aller porter l'ordre à la gabare *le Mulet* d'aller accoster *le Léopard* pour que ce vaisseau puisse y décharger son artillerie, ce qui, en l'allégeant, lui donnera plus de facilités de se déséchouer. Il faudra qu'il y travaille la nuit pour éviter d'en donner connaissance à la ville, qui ne manquerait pas de diriger son feu sur ce vaisseau. Si vous devez continuer de bom-

[1] Mot souligné dans le texte.

barder la ville, faites donc donner l'ordre aux deux bombardes *l'Iris* et *la Sensible* de s'approcher davantage. Ce n'est que la ville haute qu'elles doivent bombarder, et leurs bombes, de la distance où elles sont, vont à peine au rivage.

Le contre-amiral La Touche.

A bord du *Languedoc*, le 16 février 1793, l'an 2ᵉ de la République.

J'ai donné ordre à *la Lutine* de s'approcher beaucoup plus près de la ville pour bombarder et de ne pas tirer qu'elle ne soit à portée d'envoyer ses bombes dans la ville haute.

[Adresse :] Au citoyen capitaine Trogoff, commandant le vaisseau de la République *le Duguay-Trouin*, à son bord.

7° DU MÊME AU MÊME.

Il est bien cruel, mon cher Trogoff, d'être témoin de tous les événements fâcheux qui vous arrivent et d'être dépourvu du moyen de vous secourir. Espérez-vous pouvoir vous tirer avec une grosse ancre? Alors vous pourriez prendre la chaloupe du *Commerce-de-Bordeaux* pour la porter. Je ne puis vous offrir aucune embarcation, ma chaloupe étant à bord du *Tonnant* et ayant perdu mon deuxième canot. J'ai perdu mon ancre cette nuit; il ne m'en reste plus qu'une à laquelle je vais confier le sort du *Languedoc*. La perte de votre gouvernail est funeste. Pensez-vous que vous puissiez vous rendre à la baie de Palme avec une queue d'aronde faite avec des mâts de hune? Je viens de faire part de votre position et de celle du *Léopard* au général, et je lui demande ses ordres. Je ne puis rien prendre sur mer, ne commandant ici que par accident. Votre echouage est fâcheux, sans doute, mais cela prouve évidemment que vous vous étiez plus approché que ne le comportait la situation des lieux. Voilà une expédition bien cruellement commencée. Quelle en sera la fin? Adieu, mon cher Trogoff, j'ai passé la nuit très voisin d'un banc de sable qui brisait (?) et dont je cherche à m'éloigner, car si les vents avaient passé au S. O., j'y aurais infailliblement resté.

Le 18 février 1793.

La Touche.

[Même adresse.]

8° DU MÊME AU MÊME.

Le 20 février, à 5 heures.

Tu ne dois pas douter, mon cher Trogoff, de la peine que j'ai eue en apprenant que tu avais été blessé au bras, et qu'à cela se joignait la goutte,

Privé de toutes mes embarcations, ayant perdu ma chaloupe à bord du *Tonnant* et mon canot à bord du *Patriote*, entouré de vaisseaux qui sont dans le même cas, je n'ai pu te faire passer les secours que tu désirais. Je vais faire signal à deux bombardes de t'envoyer leurs chaloupes à l'aide desquelles tu pourras travailler à lever ton gouvernail. Il est bien important que tu le retrouves. Je serai d'avis qu'à l'aide de ton petit hunier tu viennes te mouiller un peu plus bas. Je t'ai fait passer au petit jour un canot pour aller prendre avec ton maître canonnier, à l'effet de venir prendre la poudre sèche, gargousses et boulets que je pourrais te faire passer. Je profiterai pour cela d'une des chaloupes des bombardes. Je ne te parlerai pas de notre armée. Ce que je t'en dirais est déchirant. Tout est perdu, même l'honneur, par la lâcheté la plus insigne et dont l'histoire n'offre point d'exemple.

La Touche.

[Même adresse.]

9° LA TOUCHE À L'ÉQUIPAGE DU DUGUAY-TROUIN.

A bord du Languedoc, le 20 février 1793,
l'an 2e de la République.

Braves citoyens, mes frères,

Je me suis empressé de communiquer à l'équipage du *Languedoc* la lettre par laquelle vous m'exprimez votre juste sensibilité sur la légèreté avec laquelle quelques individus avaient jugé votre brave capitaine, que je me fais gloire d'estimer depuis bien des années et de compter au nombre de mes amis. Je dois vous faire connaître que l'impression dont vous vous plaignez n'a point été partagée par la majorité des citoyens du *Languedoc* et que nous vous rendons la justice qui vous est due. Les coupables d'un jugement aussi précipité en sont honteux et repentants, et je vous prie, braves citoyens, de pardonner ce premier mouvement qui ne prend sa source que dans le désir qu'ils avaient de voir triompher en peu de moments la cause de la liberté. La position les a trompés et leur a fait croire que vous étiez plus éloignés de la ville que vous ne l'étiez en effet. Oubliez ces torts et ne voyez plus en nous que des frères et des amis. J'ai chargé vos députés de vous porter le baiser fraternel et de réconciliation. Acceptez-le avec autant de plaisir que je leur ai donné.

Le contre-amiral La Touche.

[Adresse :] Aux citoyens composant l'équipage du vaisseau de la République *le Duguay-Trouin*, à leur bord.